新学習
指導要領
対応

コウペンちゃんと
いっしょに学ぶ

お手伝いするよー！

猫の手も借りたいとな？

イラスト
るるてあ

監修
深谷圭助
中部大学教授
辞書引き学習法開発者

小学生のことわざ・慣用句

KADOKAWA

はじめに

～おうちのかたへ～

「ことわざ」や「慣用句」は、日本語を豊かにする表現として、人々に親しまれてきました。「ことわざ」は昔から世間に広く言いならわされてきたことばで、教訓や風刺などを含んだものです。「慣用句」は、二つ以上の単語が結合して、その元々のことばとは違う、ある特定の意味を表わす言いまわしのことです。「ことわざ」や「慣用句」を上手に使うことができれば、日本語の達人への第一歩を踏み出すことができたといえます。

その意味で、この本に登場するコウペンちゃんの仲間たちである、アデリーさん、邪エナガさん、シロクマさん、大人のペンギンさんたちは、日本語の達人です。コウペンちゃんとの会話の中で、とても上手に「ことわざ」や「慣用句」を使いこなしています。

「ことわざ」や「慣用句」には、動物や植物が登場するものがあります。動物のしぐさや、植物の様子を観察した人間が、「ことわざ」や「慣用句」として、人間が気をつけなくてはならないマナー、エチケット、心の作法、生き方などを、動物のしぐさなどに例えてコミカル、ユーモラスに表現しています。その意味では、人間ではない動物のコウペンちゃんたちが、ユーモラスに「ことわざ」を使いこなしていることに、おかしみもあります。「猫にかつおぶし」「猿も木から落ちる」「たぬき寝入り」など、日本人が身近な動物と日常的に接しながら、これらのことばを思いついた背景に思いを馳せてみると、「日本語の生まれた故郷」を見ている気がします。

本書は、子どもも大人も、コウペンちゃんのファンもそうでない人も十分楽しみながらことばの勉強ができる本です。ぜひ、コウペンちゃんといっしょに勉強してください。

令和元年12月吉日

京都下鴨にて　中部大学　教授　深谷圭助

この本の特長と使い方

この本は、コウペンちゃんといっしょに、ことわざ・慣用句を学ぶ本です。

はじめに、コウペンちゃんが、〝ことわざ・慣用句が楽しく学べるおまじない〟をかけ、小学校で覚えておきたいことわざ・慣用句を5つの章にまとめてくれました。

特に重要な115個のことわざ・慣用句については、「意味」と「使い方」を書いています。使い方の中では、コウペンちゃんと仲間たちが日常生活の中でどんなふうにことわざ・慣用句を使ったらよいか、示しています。

本の最後には、「故事成語」や「さくいん」もついています。さくいんは、ことわざ・慣用句の意味をもう一度確認したいときに役立ちますよ。

さあ、コウペンちゃんと仲間たちといっしょに、楽しくことわざ・慣用句を学びましょう！

この本に出てくるコウペンちゃんと仲間たち

邪エナガさん

コウペンちゃん

教えてくれるタイプのシロクマさん

アデリーさん

大人のペンギンさん

特に重要なことわざ・慣用句です。中学校以上で習う漢字も使っています。

ことわざ・慣用句の意味をわかりやすく解説しています。

わかりにくいことばなどには、「ポイント」として解説を書いています。

「意味」と「使い方」の中の漢字は、できるだけ小学校で習う漢字を扱い、すべての漢字に読みがなをつけています。

ことわざ・慣用句をどのように使ったらよいかをコウペンちゃんたちの会話で学びましょう。

犬も歩けば棒に当たる

意味 ①出しゃばると、思いがけない災難にあう。②動き回っていれば、思いがけない幸運に出会う。

ポイント いい意味でも悪い意味でも使われるよ。

使い方（2の意味）散歩をしていたら、魚つりにぴったりの池があったぞ！

まさに、**犬も歩けば棒に当たる**ということですね。

12

芋を洗う

意味 大勢の人で、こみ合っているようす。

使い方 今日の遊園地のこみ具合はすさまじい！（でも楽しそう！）

知っているかな？ こういうのを**芋を洗う**というんだよ。

うんうん…

おいも おいも…

13

楽しく学べるおまじない～！

本書は、新小学校学習指導要領（2017年3月告示、2020年4月全面実施）に対応しています。知識及び技能に関する内容のうち、(2)伝統的な言語文化に対応しています。

もくじ

1章 動物・植物に関することわざ・慣用句

2章 体・心に関することわざ・慣用句

3章 生活に関することわざ・慣用句

4章 自然に関することわざ・慣用句

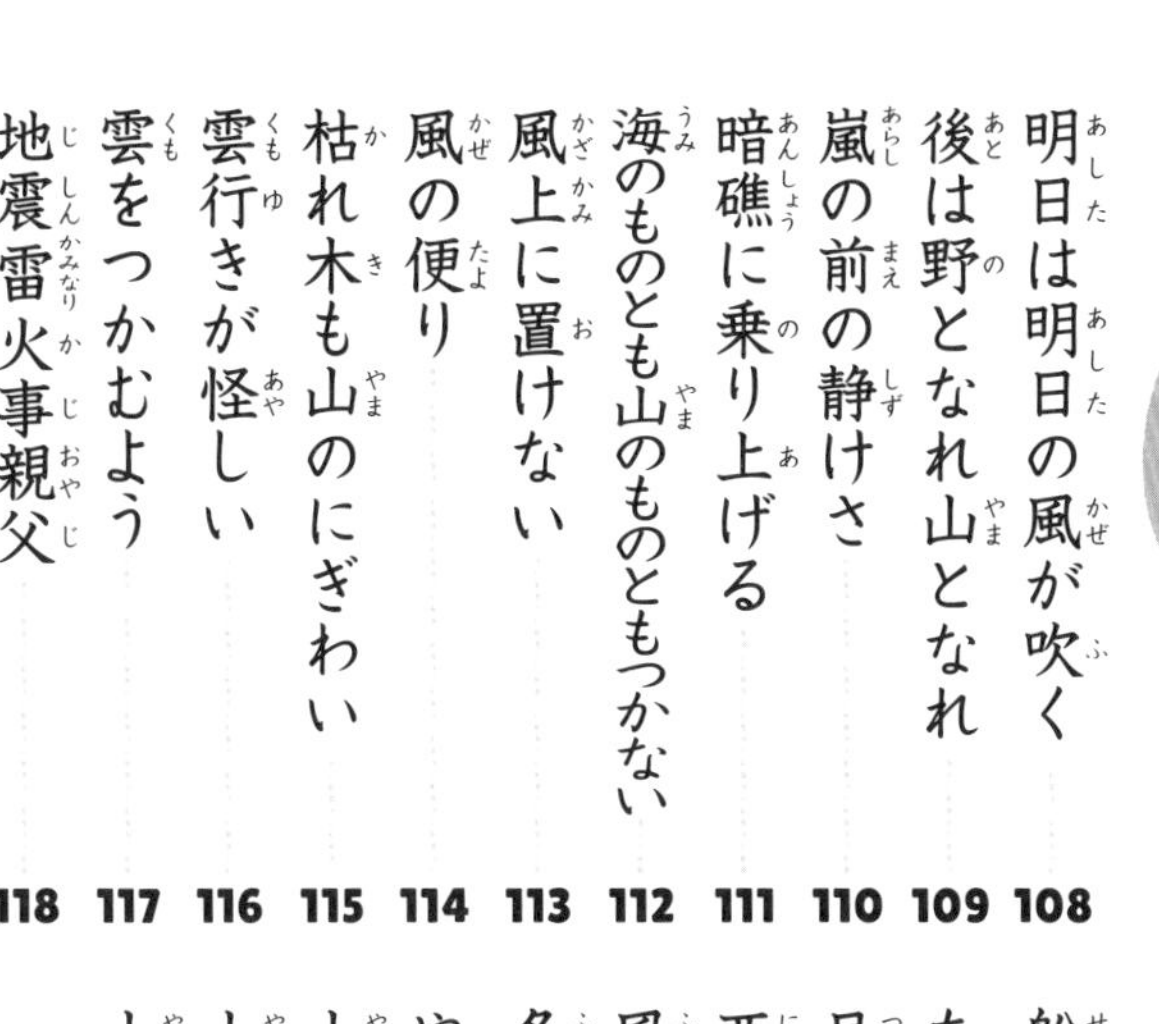

5章 その他のことわざ・慣用句

1章

動物・植物に関することわざ・慣用句

▲37ページ「豚に真珠」より

犬も歩けば棒に当たる

意味

①出しゃばると、思いがけない災難にあう。②動き回っていれば、思いがけない幸運に出会う。

ポイント

いい意味でも悪い意味でも使われるよ。

使い方（②の意味）

散歩をしていたら、魚つりにぴったりの池があったぞ！

まさに、**犬も歩けば棒に当たる**ということですね。

芋を洗う

意味

大勢の人で、こみ合っているようす。

使い方

今日の遊園地のこみ具合はすさまじい！（でも楽しそう！）

知っているかな？　こういうのを**芋を洗う**というんだよ。

牛の歩み

意味

ものごとの進み具合がおそいようす。

使い方

一か月がんばって三センチも編んだの？ すご～い！

牛の歩みだが、確実に進んでるな。

馬の耳に念仏

意味

意見や注意などをしても、まったく効き目のないこと。

使い方

貴様、我の意見をちゃんと聞いているのか？

馬の耳に念仏でしょうか。いや、コウペンちゃんをよく見てください。

えびでたいを釣る

意味　わずかな元手で大きな利益を得る。

使い方　アデリーさんにいちごをあげたら、ショートケーキを作ってくれたよ！

えびでたいを釣ったのだな！

小さなえびをえさにして大きなたいを釣るというのがこのことわざの由来なんだよ

鬼に金棒

意味

もともと強い者が、さらに強い力を手に入れて、もっと強くなること。

使い方

我はついに「永遠」なる邪悪を手に入れたぞ！

それは**鬼に金棒**だね。世界征服まで、もう少しかな。

鬼に金棒なの？
かっこいい～！
ククク…よき反応！

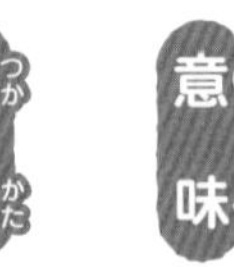

かもがねぎをしょって来る

意味

都合のよい相手が、さらに都合のよいものや話を持ってくる。

使い方

いいところへ来た！　これから晩メシを作るんだ。手伝ってくれ！

私は散歩に行こうと思っていたのですが……。

まさに**かもがねぎをしょって来た**状態だね。

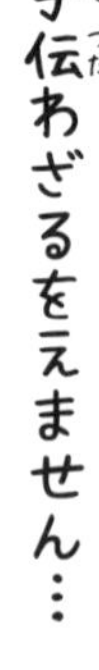

犬猿の仲

意味 とても仲が悪いこと。

使い方 ぼくと邪エナガちゃんは、**犬猿の仲**なの？

どちらかといえば逆で、とっても仲良しなんだよ。

猿も木から落ちる

意味

どんなに上手な人でも、たまには失敗することもある。

使い方

しまった！　ホットケーキをこがしてしまったぜ！

猿も木から落ちるといいますが、アデリーさんでも失敗することがあるんですね。

代わりにオムライスどうだ？

蛇の道は蛇

意味

仲間のすることは、ほかの人にはわからなくても、同じ仲間にはすぐわかるということ。

使い方

邪エナガちゃんの「アジト」は、ぼくの頭の上のことだよ。

蛇の道は蛇とは、このことか！

ククク…
愚かなる人間よ…

「こんにちは」
という意味だよ！

立つ鳥跡を濁さず

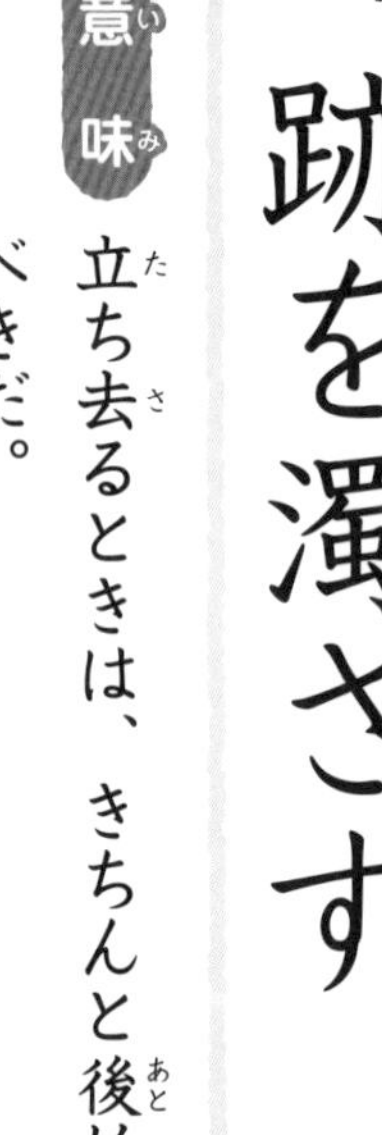

意味 立ち去るときは、きちんと後始末をするべきだ。

ポイント 「飛ぶ鳥跡を濁さず」ともいうよ。

使い方

台所の片づけ終わったぞ。

立つ鳥跡を濁さずの行動が、すばらしいです。

たで食う虫も好き好き

意味
人の好みは、それぞれちがうということ。

ポイント
たでという、からい草を好んで食べる虫もいることから。

使い方
たで食う虫も好き好きというけど、人の好みはいろいろでいいんだよ。

そうなの？

てんぐになる

意味

うぬぼれて、いい気になる。

ポイント

「てんぐ」とは、赤い顔をして鼻が高く、つばさを持った、ようかいのことだよ。

使い方

今日もまた、飛ぶことができませんでした。

気にすんな！　飛べるようになっててんぐになるよりいいんじゃね～のか。

取らぬたぬきの皮算用

意味

どうなるかわからないものに期待して、あれこれ計画を立てること。

使い方

福引きで、もし特賞の商品券が当たったら、何を買おうか？

まさに、**取らぬたぬきの皮算用**だな。

な、なんと…！
邪エナがちゃん すごーい!!
ククク…

虎の子

意味

大切にしまってあるお金や品物のこと。

使い方

コウペンちゃんにとって、**虎の子**は何ですか？

公園で拾ったどんぐり～！

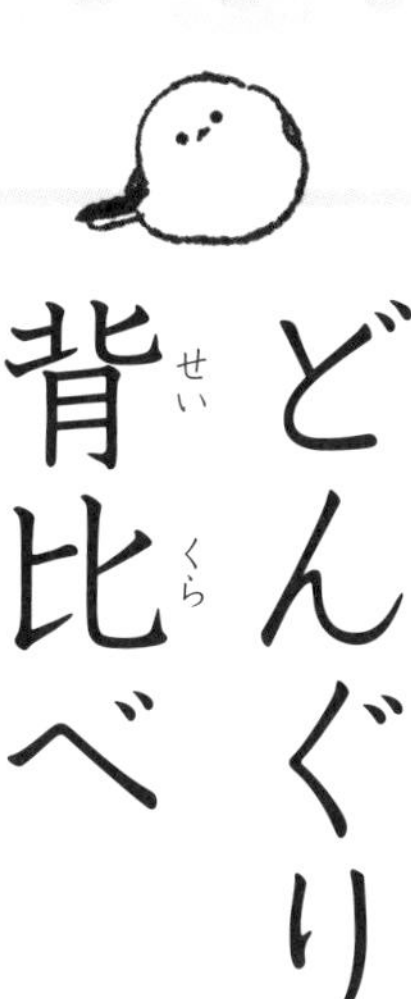

どんぐりの背比べ

意味　似たり寄ったりで、たいしたちがいがないこと。

使い方　応えんにきた〜！

見た目は**どんぐりの背比べ**だが、気合は十分だな！

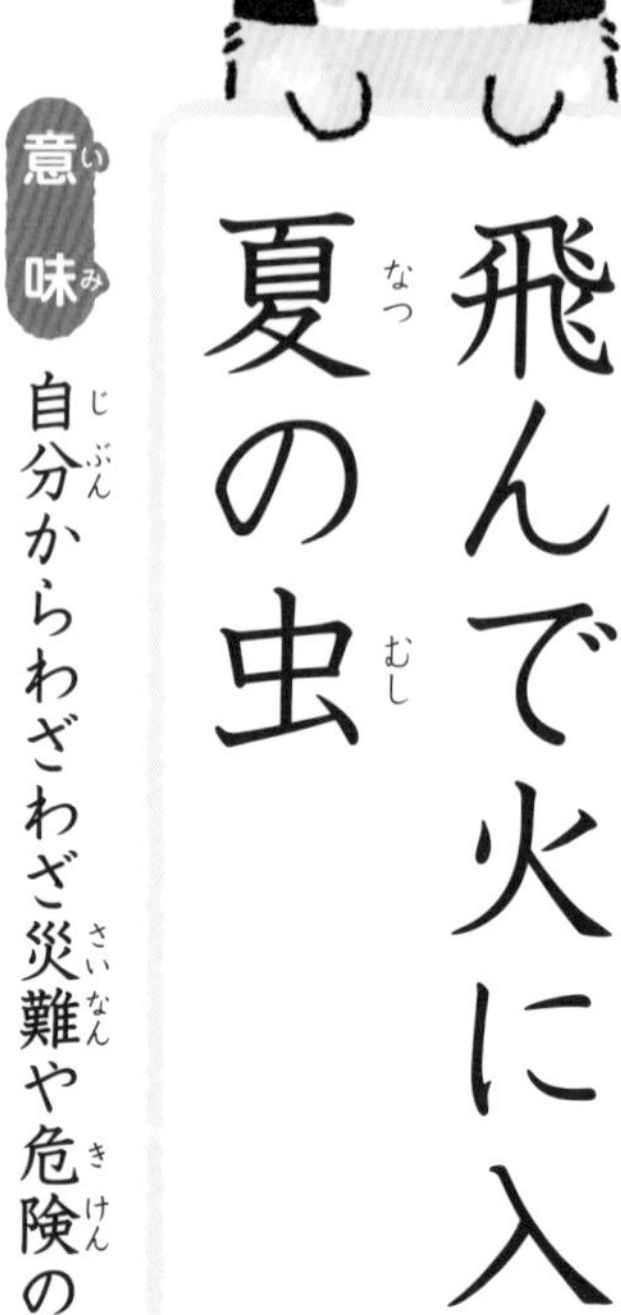

飛んで火に入る夏の虫

意味

自分からわざわざ災難や危険の中に飛びこんでいくこと。

使い方

アデリーさん、遊ぼ〜！

おっと、まさに**飛んで火に入る夏の虫**だ！　これからとうもろこしを収かくするから、手を貸してくれ！

とんびに油揚げをさらわれる

意味

自分のもの、大切にしていたものを不意に横から持っていかれる。

使い方

ちょこななな（チョコバナナ）、おいしかった～。

後で食べようと残しておいたのに。**とんびに油揚げをさらわれる**とは、このことか！

泣きっ面に蜂

意味　悪いことの上にさらに悪いことが重なって起こること。

使い方

ゴールは外すし、すべって転ぶし、今日は**泣きっ面に蜂**だな。

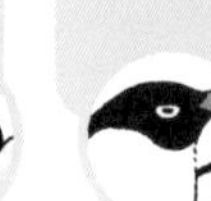

そういうときもあるよね～。

逃がした魚は大きい

意味

手に入れかけて逃がしてしまったものは、実際より立派に思える。

ポイント

「逃げた魚は大きい」「釣り落とした魚は大きい」ともいうよ。

使い方

流れ星、見たの？　すご〜い！

いや、願いごとをするつもりだったのに、見られなかった！　まさに**逃がした魚は大きい**だな！

アデリーさんがお魚たくさんつれますように！

猫にかつおぶし

意味

過ちを起こしやすい状態にすること。危なっかしくて安心できないようす。

使い方

ちょっと留守番しててくれ。

お腹すいたなあ。あ、ごちそうがある〜。

お腹をすかせたコウペンちゃんに留守番をたのむなんて、**猫にかつおぶし**ですよ。

猫の手も借りたい

意味

非常にいそがしく、一人でも多く人手が欲しい。

使い方

野菜が豊作で、収かくはまさに**猫の手も借りたい**、だぜ！

すご〜い！　ペンギンだけど、ぼくの手もどうぞ〜！

たくさん収かくできたぜ！
我は収かく物ではないぞー！

能あるたかは爪を隠す

意味

実力や才能のある人は、むやみにそれを見せびらかしたりしない。

使い方

シロクマさんは物知りなのに、全然それをひけらかさないですね。

そういうのを**能あるたかは爪を隠す**っていうんだろ。かっこいいな！

花より団子

意味

見た目の美しさを楽しむよりも、実際に何かの役に立つもののほうがよいということ。

使い方

お花見もよいのですが、桜の木の下で食べるお弁当はおいしいですね！

花より団子というのは、本当だね。

ひょうたんから駒が出る

意味

ありえないと思っていたことが、思いがけなく起こる。

ポイント

「ひょうたんから駒」ともいうよ。

使い方

遊びでかいた絵がコンクールで優勝したの？　すご～い！

まさに**ひょうたんから駒が出る**、なんだよ。

「駒」は馬のことだよ
ひょうたんの小さな口から大きな馬が出てくるような
ありえないことが起こるというのが由来なんだよ

豚に真珠

意味

どんなに貴重なものでも、その価値を知らない人にとっては、役に立たないということ。

使い方

この宇宙の本、貸そうかい？

残念ながら、私には**豚に真珠**です。

まな板のこい

意味 相手のなすがままになるしかないこと。

使い方 何事も一生けん命にがんばった後は、**まな板のこい**になった気分で結果を待てばいいんだよ。

は〜い！

動物・植物に関することわざ・慣用句

飼い犬に手をかまれる
ふだん世話をしていた人に裏切られる。

木から落ちた猿
たよるところを失って、どうしてよいかわからない人やようす。

きつねとたぬきの化かし合い
ずるがしこい者どうしが、だまし合うこと。

きつねにつままれる
予想外のことが起きて、わけがわからない。

きつねの嫁入り
日が差しているのにぱらぱらと雨が降る天候。

暗がりから牛
ものごとの区別がはっきりしないこと。

下馬評
世間での評判や批評。

駒を進める
次の段階へ進み出る。

猿知恵
気がきいているようで、実は浅はかな考え。

猿に木登り
教える必要のない人にわざわざ教えること。

猿まね
何も考えずに、うわべだけ人のまねをすること。

牛に引かれて善行寺参り
思いがけないめぐり合わせで、よい方向に導かれること。

牛のよだれ
だらだらと長く続くこと。

牛は牛連れ馬は馬連れ
似た者どうしは自然に集まりやすい。

牛を馬に乗り換える
おとったほうを捨て、優れたほうに切り換える。

馬が合う
気が合い、しっくりくる。

馬には乗ってみよ人には添うてみよ
何事も実際に経験してみないと、本当のことはわからない。

同じ穴のむじな
ちがうように見えても、同じ悪い仲間だということ。

犬・猫など

頭の黒いねずみ
家の中のものをぬすむ人のこと。

生き馬の目を抜く
他人のすきにつけこんで、すばやく利益を得る。

いたちごっこ
何度も同じことをくり返して、決着がつかないこと。

いたちの最後っぺ
せっぱつまったときに使う非常手段のこと。

犬の遠ぼえ
弱い者やおくびょうな者が、かげでこそこそいばること。

犬は人に付き猫は家に付く
犬と猫の特ちょうを表したことば。

犬も食わない
だれも、まともに相手にしない。

吠える犬はかみ付かぬ
文句を言ったり、いばったりする者にかぎって、実力はないということ。

見猿聞か猿言わ猿
人の欠点や自分に都合の悪いものなどは、見ない、聞かない、言わないほうがよいということ。

野次馬
自分に関係ないことに興味本位でさわぎ立てる人。

夕立は馬の背を分ける
夕立がとてもせまい範囲に降る。

二兎を追う者は一兎をも得ず
同時に二つのことをしようとすると、結局は二つともうまくいかない。

猫なで声
人の機げんをとるためのあまえた声。

猫に小判
どんなに貴重なものでも、その価値がわからない人には何の役にも立たないこと。

猫の首に鈴を付ける
いざ実行となると、引き受ける人がいないほど難しい。

猫の子一匹いない
だれもいない。

猫の額
とてもせまいこと。

猫の目のよう
ものごとが目まぐるしく変わるようす。

猫ばば
拾ったものなどを自分のものにしてしまうこと。

猫もしゃくしも
だれもかれも。

猫を被る
自分の本性をかくして、おとなしそうにふるまう。

ししの子落とし
自分の子どもにわざと苦労をあたえ、能力を試したり、きたえたりすること。

尻馬に乗る
他人の言うことやすることにつられて、同調して行動する。

大山鳴動してねずみ一匹
大さわぎしたわりには、たいしたことのない結果に終わること。

たぬき寝入り
寝ているふりをすること。

角を矯めて牛を殺す
少しの欠点を直そうとして、かえって全体をだめにしてしまう。

天高く馬肥ゆる秋
さわやかな秋の気候を表すことば。

どこの馬の骨
どこのだれだかわからない者。

虎を野に放つ
後で悪い結果をもたらすものをそのままにしておく。

鬼の居ぬ間に洗濯

うるさい人やこわい人が居ない間に、くつろいで息ぬきをすること。

鬼のかく乱

いつも健康な人が、めずらしく病気になること。

鬼の首を取ったよう

大きな手がらを立てたかのように、得意になっているようす。

鬼の目にも涙

ふだんは心の冷たい人でも、ときには同情やあわれみの心を表すということ。

かえるの子はかえる

子どもはたいてい親に似るものだということ。

かえるの面に水

まったく動じないこと。

かっぱに水練

そのことをよく知っている人に、ものを教えようとするおろかさを表すことば。

かっぱの川流れ

どんな名人でも、ときには失敗する場合もあるということ。

魚心あれば水心

相手が好意を持てば、自分もそれに応えることができるということ。

うなぎの寝床

入り口がせまくて奥行きが深い場所や建物のこと。

うなぎ登り

物価・気温・人気などがどんどん上がっていくこと。

うのまねをするからす

自分の能力を考えないで、やたらに人のまねをすると失敗するということ。

うのみにする

人の言うことをそのまま信じて受け入れる。

うの目たかの目

注意深く何かを探し出そうとするようす。

おうむ返し

相手が言ったことを、そっくりそのまま言い返すこと。

陸に上がったかっぱ

実力が十分に発揮できなくなること。

鬼が出るか蛇が出るか

何が起こるか予想がつかないこと。

鳥や魚など

足元から鳥が立つ

①身近なところで思いがけないことが起こる。②あわてでものごとを始める。

頭の上のはえを追え

人の世話を焼くよりも、まず自分のことをきちんとしなさい。

あぶ蜂取らず

あれもこれもと欲張ると、何も手に入れることができない。

ありのはい出る隙もない

隙間がなく、どこにもにげることができない。

一寸の虫にも五分の魂

小さな者や弱い者でも、それ相応の意地や根性があるので、あなどってはいけないということ。

今泣いたからすがもう笑う

今まで泣いていた人が、すぐにきげんを直して笑う。

いわしの頭も信心から

いわしの頭のようなつまらないものでも、それを信じている人にはありがたいものに思えるということ。

長蛇の列
蛇のように細長く続いている行列。

ちょうよ花よ
子どもをとてもかわいがって、大切にするようす。

鶴の一声
話し合いがなかなかまとまらないときに、力のある人の一声でものごとが決まること。

鶴は千年、亀は万年
長生きしてめでたいこと。

とどのつまり
結局のところ。

飛ぶ鳥を落とす勢い
勢いが盛んなようす。

鳥なき里のこうもり
優れた者や強い者がいないところで、つまらない者がいばっているようす。

とんびがたかを生む
ふつうの親から優れた子どもが生まれる。

苦虫をかみ潰したよう
ひどく不ゆ快なようす。

ごまめの歯ぎしり
実力のない者がくやしがるようす。

さばを読む
自分の利益になるように、数をごまかす。

しゃちほこ張る
きん張して体をこわばらせる。

蛇は寸にして人をのむ
優れた人は、子どものころからふつうの人とはちがうところを持っている。

小の虫を殺して大の虫を助ける
大きなことを成しとげるために、小さなことをぎせいにする。

すずめの涙
ごくわずかなこと。

すずめ百まで踊りを忘れず
幼いときに身につけた習慣は、年を取っても変わらないということ。

かには甲羅に似せて穴を掘る
人は、能力や身分に応じた考えや行いをするのがよい。

亀の甲より年の功
年長者の経験やちえは尊いものだということ。

からすの行水
入浴の時間が、とても短いこと。

閑古鳥が鳴く
さびれて、ひっそりとしているようす。

きじも鳴かずば打たれまい
余計なことを言ったために、災いを招いてしまう。

腐ってもたい
本当に優れたものは、どのような悪い状態になっても、それなりの値打ちがあるということ。

くもの子を散らす
大勢の人が一度にぱっと散らばる。

虎口を逃れて竜穴に入る
災難が立て続けに起こる。

虫の居所が悪い

きげんが悪く、おこりっぽい。

虫も殺さない

優しくて、おとなしい。

目白押し

多くの人やものが、すき間なく並ぶようす。

やぶをつついて蛇を出す

余計なことをして、思わぬ災難を招く。

来年のことを言えば鬼が笑う

将来のことは予測できない。

渡る世間に鬼はない

世の中には冷たい人ばかりでなく、優しい人も必ずいる。

蛇の生殺し

決着をつけないで、ものごとを中と半ぱな状態にしておくこと。

水を得た魚のよう

自分に合う場所を手に入れて、生き生きとするようす。

虫がいい

自分の都合だけを考えて、ずうずうしい。

虫が知らせる

理由はないのに、何か悪いことが起こりそうな感じがする。

虫が好かない

なんとなく好きになれない。

虫の息

今にも死にそうなようす。

蜂の巣をつついたよう

さわぎが大きくなって、手がつけられなくなるようす。

はとが豆鉄砲を食ったよう

とつぜんのことにおどろいて、きょとんとしているようす。

ふぐは食いたし命は惜しし

楽しみや利益を得たいが、それにともなう危険をおそれて迷ってしまうということ。

へのかっぱ

簡単にできること。

蛇ににらまれたかえる

おそろしいものの前で、体がすくんで動けないこと。

雨後の竹の子

似たようなものごとが、立て続けに起こるようす。

うどの大木

体ばかり大きくて、役に立たない者のこと。

火中のくりを拾う

他人のためにわざわざ危険をおかす。

秋なすびは嫁に食わすな

①秋なすはおいしいから、嫁に食べさせるのはおしい。②秋なすを食べると体を冷やすので、嫁に食べさせてはいけない。

いずれあやめかかきつばた

どれも優れていて、一つを選ぶのが難しいということ。

植物

青菜に塩

元気がなくなり、しょんぼりするようす。

米寿
八十八歳のこと。また、その祝い。

三日見ぬ間の桜
世の中の移り変わりが激しいこと。

実るほど頭の下がる稲穂かな
優れた人ほどかえって、ひかえめである。「頭の下がる」は「頭を垂れる」ともいう。

六日のあやめ十日の菊
時期におくれて役に立たないこと。

桃栗三年柿八年
よい結果が出るまでには時間がかかるということ。

柳に風
相手に逆らわず、上手に受け流すこと。

柳に雪折れなし
やわらかくしなやかなものは、かたいものよりもむしろ強いということ。

両手に花
①二つのよいものを同時に手に入れること。②男性の左右に女性がいること。

隣の花は赤い
他人のものは何でもよく見えて、うらやましく思える。

梨のつぶて
手紙などを出しても返事がないこと。

ぬれ手であわ
少ない苦労で、多くの利益を得ること。

根に持つ
いつまでも深くうらんで忘れない。

根掘り葉掘り
細かいことまでしつこく調べるようす。

根も葉もない
根きょがまったくない。

はっても黒豆
明らかにまちがっているのに、それを認めずに強情を張ること。

花を持たせる
手がらなどを相手にゆずる。

木で鼻を括る
冷たく、無愛想である。

木に竹を接ぐ
つり合いがとれない。ものごとの前後の関係がつながらない。

木を見て森を見ず
小さいことに気をとられて、全体を見失うこと。

草の根を分けて捜す
あらゆる方法で、すみからすみまで捜す。

草葉の陰で喜ぶ
墓の下で、亡くなった人が喜んでいる。

ごまをする
お世辞を言ったり、きげんをとったりする。

せんだんは双葉より芳し
大成する人は、幼いころから優れている。

立てばしゃくやく座ればぼたん歩く姿は百合の花
美しい女性の姿を花にたとえたことば。

月にむら雲、花に風
よいことにはじゃまが入りやすいということ。

2章 体・心に関することわざ・慣用句

▲69ページ「目もくれない」より

足が棒になる

意味

長い間立っていたり、歩いたりして、足の感覚がなくなり、動けなくなる。

使い方

今日は何をしたのですか。

マラソンしたよ！ **足が棒になった**けど、楽しかった～！

頭隠して尻隠さず

意味

悪い行いや欠点の一部だけを隠して、全部を隠したつもりでいること。

使い方

たとえば、片づけたといっても、机の上だけで、引き出しの中は片づいていない場合、**頭隠して尻隠さず**というんだよ。

次は、ちゃんとできるのまほう〜！

腕が鳴る

意味

自分の得意とすることや腕前を見せたくて意気ごむ。

使い方

腹が減ったのか？　お〜し、たこやきでも作るか！　久しぶりに、**腕が鳴る**ぜ！

やった〜！

顔から火が出る

意味

とてもはずかしい思いをして、顔が真っ赤になる。

使い方

人前で転んで、**顔から火が出る**思いをしました。

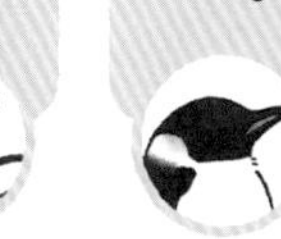

失敗は、いくらでもしたっていいんだぜ！

肩を並べる

意味
実力や地位が対等である。

使い方
どうしたら、アデリーさんと**肩を並べる**くらい、何でもできるようになるかな～？

何事も経験だな！　がんばれ！

壁に耳あり障子に目あり

意味 秘密などがもれやすいことのたとえ。

使い方 **壁に耳あり障子に目あり**だから、ないしょの話をするときは気をつけるんだよ。

はーい！

口が滑る

意味

言ってはいけないことをうっかりしゃべってしまう。

使い方

この前は、つい**口を滑らせて**ひどいことを言って、すまなかったな。

？（気づいていない）

我は優れたる邪神であるからして

次からは慎重にことばを選ぶのだ…

心(こころ)が弾(はず)む

意味(いみ) うれしくてうきうきする。

使い方(つかいかた)
ダンスパーティーだよ～。
わくわくして、**心(こころ)が弾(はず)み**ます！

腰を抜かす

意味

おどろいたり、こわかったりして、立てなくなる。

使い方

アデリーさんをびっくりさせよう。「わ～！」

な、何だ？ **腰を抜かす**くらいおどろいたぜ！

短気は損気

意味

短気を起こすと、結局は自分が損をすることになるということ。

使い方

短気は損気といいますから、いつもおだやかでいたいものだね。

は〜い！

血も涙もない

意味

とても冷たく、人間的な優しさや思いやりがない。

使い方

ずっと無視するとは、**血も涙もない**ヤツめ！

よく見てください。それは雪だるまです。

手が込む

意味

細工がきめ細かい。また、ものごとが複雑である。

使い方

アデリーさんのお弁当、とっても**手が込んで**いて、感激です！

すご〜い！

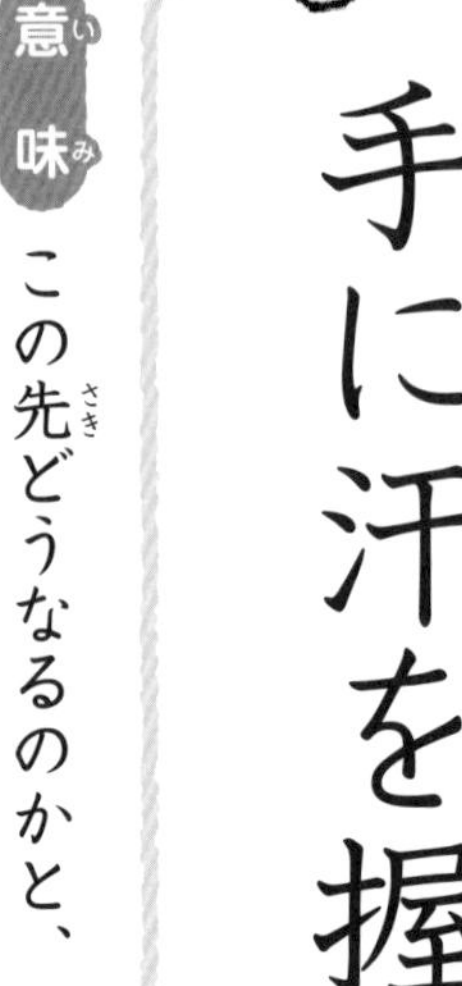

手に汗を握る

意味

この先どうなるのかと、はらはらする。

使い方

残り十秒！　シュートが入れば勝ちだ！

まさに**手に汗を握る**展開なんだよ。

手も足も出ない

意味

自分の力では、どうすることもできない。

使い方

今度はバレーボールの試合か。がんばれよ！

我の邪悪アタックで、**手も足も出ない**ほど打ちのめしてくれるわ！

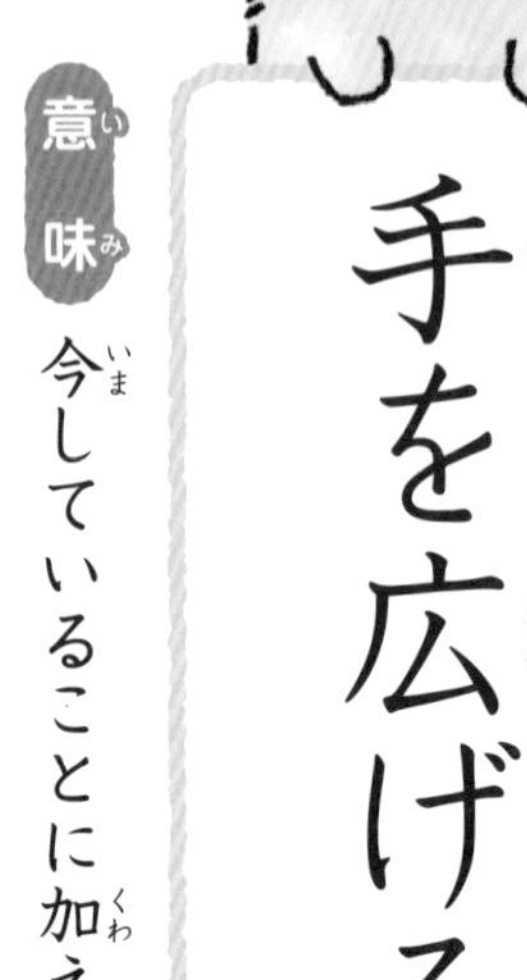

手を広げる

意味

今していることに加えて、新しいことをする。

使い方

いろんな野菜を育ててみたいぜ。さっそく、土を耕して種まきするか！

料理に加えて、野菜作りまで**手を広げる**のですね。

喉元過ぎれば熱さを忘れる

意味

苦しいことや受けた恩などは、過ぎてしまうとすっかり忘れてしまう。

使い方

いつもがんばってえら～い！

喉元過ぎれば熱さを忘れるといいますが、コウペンちゃんの励ましを忘れることはありません。

鼻が高い

意味

得意そうにするようす。ほこらしく思うようす。

使い方

物知りのシロクマさんが友だちで、**鼻が高〜い**！

本を読むと、いいんだよ。

腹が減っては戦ができぬ

意味

何をするにしても、まず食事をしてからでないと、よい結果は得られない。

使い方

これからお出かけするの？

何事も**腹が減っては戦ができぬ**だ！

このおにぎり、食っとけ！

右から
たきこみご飯、
こんぶ、
梅干しだぜ！

骨折り損のくたびれもうけ

意味
苦労しても何も得られず、つかれるだけで終わってしまうこと。

使い方
このまま飛べなければ、**骨折り損のくたびれもうけ**です……。

おまえが努力してるのは、みんな知ってるぜ！

胸を打つ

意味

深く感動させられる。

使い方

いいお話だね～！

胸を打つような内容だね。

目から鼻へ抜ける

意味

頭がよく、ものごとの判断や理解が早い。

使い方

シロクマさん、宇宙について質問してもいいですか？

シロクマさんは、いつも**目から鼻へ抜ける**ような回答をしてくれるな。

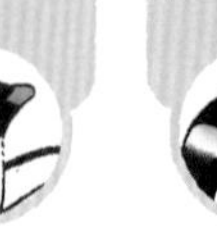

目の上のこぶ

意味 自分よりも地位や実力が上で、目障りでじゃまになる人のこと。

ポイント 「目の上のたんこぶ」ともいうよ。

使い方 目の上にこぶができると気になることから、「目障りな人＝**目の上のこぶ**」ということわざができたんだよ。

すご〜い！

目は口ほどにものを言う

意味

気持ちがこもった目で見れば、口で話すのと同じくらいに、その人の気持ちがわかるものだ。

使い方

目は口ほどにものを言うとは、よく言ったものだ。落ちこんでいるんだな。

あまいものをどうぞ〜！

目もくれない

意味

見向きもしない。少しの興味や関心も示さない。

使い方

アデリーさんが、こちらに**目もくれない**で走っていったね。

速〜い！

おややや

あら〜

わー

お〜

急がないと八百屋さんが閉まるぜ！

ドドドドドドドドド

目を丸くする

意味　びっくりして、目を大きく開く。

使い方

もうすぐコウペンちゃんの誕生日だね。

アイツにないしょで、誕生日のケーキを作ったぞ。

きっと**目を丸くして**おどろきますね。

目に角を立てる
おこってこわい目つきで見る。

目にもの見せる
ひどい目にあわせる。

目の色を変える
おこったり、おどろいたり、熱中したりして、目つきを変える。

目の毒
悪いえいきょうを受けるもの。見ると欲しくなるもの。

目鼻が付く
ものごとのだいたいの見通しが付く。

目も当てられない
あまりにひどくて、とても見ていられない。

目を疑う
思いもよらないものを見て、信じられない。

目を皿のようにする
おどろいたり、何かをよくしたりするときに、目を大きく見開く。

体・心に関することわざ・慣用句

まとめて覚えるの？
えら〜い！

目がくらむ
あるものに心をうばわれて、正しい判断ができなくなる。

目が肥える
優れたものを数多く見て、ものの価値を判断する力がつく。

目頭が熱くなる
心に深く感じて、なみだが出そうになる。

目が高い
人やものの価値を見極める力が優れている。

目が回る
とてもいそがしい。

目から火が出る
顔や頭を強くぶつけて、目の裏に光が走るような感じになる。

目くじらを立てる
人のささいな欠点を探し出して、とがめる。

目に余る
ひどすぎて、だまって見ていられない。

頭・顔・目・髪

頭が上がらない
相手と対等の立場で接することができない。

後ろ髪を引かれる
未練があって、きっぱりと思い切れない。

顔が売れる
世の中に広く知られる。

顔が利く
信用や力があり、相手に無理が言える。

顔が広い
付き合いの範囲が広く、知り合いが多い。

顔に泥を塗る
はじをかかせる。

長い目で見る
現状だけで判断しないで、気長に将来を見守る。

額を集める
大勢が集まって、熱心に相談する。

目を光らす
悪いことが起きないように、厳しく見張る。

目を見張る
おどろきや感動などによって、目を大きく見開く。

目をつぶる
見なかったことにする。

目を盗む
人に見つからないように、こっそり行う。

目を白黒させる
おどろいたり、あわてたり、苦しんだりする。

目を付ける
興味を持って見る。気をつけて見る。

耳を疑う
予想外のことを聞かされて、聞きまちがいではないかと思う。

耳を貸す
人の話を聞く。相談に乗る。

耳を傾ける
熱心に聞く。注意してよく聞く。

耳を澄ます
心を落ち着けて、注意してよく聞く。

耳を揃える
金額を不足なく用意する。

鼻を明かす
だしぬいて、あっと言わせる。

耳が痛い
人の言うことが自分の弱点をついていて、聞くのがつらい。

耳が早い
うわさなどを聞きつけるのが早い。

耳にたこができる
同じことを何度も聞かされて、うんざりする。

耳に付く
音や声などが、耳のおくに残って気になる。

鼻・耳

寝耳に水
予想もしないできごとや不意の知らせにおどろくこと。

鼻息が荒い
非常に強気で、意気ごみが激しい。

鼻であしらう
相手にきちんとした返事もしないで、冷たく対応する。

鼻に掛ける
自慢する。得意そうにする。

鼻に付く
あきていやになる。人の言動がいやみに感じられる。

息を引き取る
呼吸が止まる。死ぬ。

息を吹き返す
再び盛り返す。

息を呑む
おどろいて息を止める。

息を弾ませる
呼吸があらくなる。

息・口・首・喉

息を殺す
息をおさえて、静かにする。

首を傾げる
不思議に思ったり、疑問に思ったりして考えこむ。

首を突っ込む
興味や関心があって、自分からかかわる。

首を長くする
今か今かと心待ちにする。

首を捻る
疑問に思ったり、不思議に思ったりする。

喉から手が出る
どうしても欲しくてたまらない。

人の口には戸が立てられない
世間のうわさや評判は防ぎようがない。

口に合う
食べ物や飲み物の味が好みに合う。

口火を切る
ものごとをいちばん先に始める。

口を尖らせる
不平や不満を言いたそうな顔をする。

口を拭う
悪いことをしたのにしていないふりをする。また、知っているのに知らないふりをする。

口を挟む
他人の話に割りこんで、意見などを言う。

口を割る
かくしていたことを白状する。

首が回らない
お金がなくなって、やりくりがつかない。

口裏を合わせる
前もって相談して、後で話が食いちがわないようにする。

口が重い
口数が少ない。あまりしゃべらない。

口が堅い
言ってはいけないことを軽々しく話さない。

口が軽い
言ってはいけないことまで、簡単に話してしまう。

口が減らない
口が達者で、次から次へと勝手なことを言う。

口から先に生まれる
おしゃべりな人をからかっていうことば。

口が悪い
人にきらわれるようなことをずけずけと言う。

腕・肩

腕が上がる
技術や能力が進歩する。上達する。

腕に覚えがある
自分の技術や能力に自信がある。

腕によりを掛ける
自分の技術や能力を十分に発揮しようと張り切る。

腕を振るう
持っている技術や能力を大いに発揮する。

腕を磨く
技術や能力が上達するように努力する。

肩で息をする
肩を上下させて、苦しそうに息をする。

肩を入れる
特に応えんする。

肩を落とす
がっかりする。

肩を持つ
味方になる。

肩身が狭い
世間に対して引け目を感じる。

肩を怒らす
肩をそびやかして、相手をこわがらせる態度をとる。

肩で風を切る
肩をそびやかして、得意そうに歩く。

肩の荷が下りる
重い責任を果たして、ほっとする。

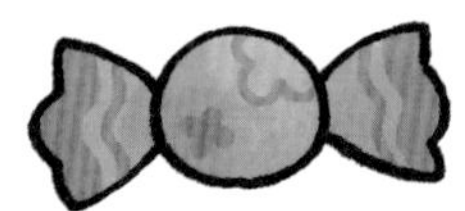

手を打つ
①話し合いなどをまとめる。②ものごとがうまく進むように対策を立てる。

手を替え品を替え
いろいろな方法や手段を試みる。

手を尽くす
できる限りのことを全部試みる。

手を抜く
するべきことを省いて、いい加減にすませる。

手を回す
ものごとがうまく進むように、前もってひそかにはたらきかける。

手を焼く
うまくいかず、困り果てる。

手が出ない
自分の力では、どうすることもできない。

手が届く
①注意や世話が行き届く。②自分の力で何とかできる。③ある段階にもう少しでとう達する。

手取り足取り
細かいところまで世話をしたり、丁ねいに教えたりする。

手に余る
自分の能力をこえていて、どうすることもできない。

手に付かない
ほかのことが気になって、そのことに集中できない。

手に取るように
すぐ近くにあるように、はっきり見えたり聞こえたりするようす。

手・指

後ろ指を指される
かげであれこれ悪口を言われる。

大手を振る
周りに遠りょしないで行動する。

痒いところに手が届く
細かいところまで心配りが行き届いている。

上手の手から水が漏れる
上手な人でも、たまには失敗することがある。

手が空く
仕事などが一区切りついたりして、ひまになる。

手が付けられない
取るべき手段や方法がなく、どうすることもできない。

胸がすく
心につかえていたものがなくなって、すっきりする。

胸を躍らせる
喜びや期待でわくわくする。

胸を借りる
自分より力がある人に、相手をしてもらう。

胸を撫で下ろす
心配事がなくなって、安心する。

腹の皮がよじれる
あまりのおかしさに大笑いする。

腹の虫が治まらない
腹が立って、我まんできない。

腹を割る
本当の気持ちを何もかも打ち明ける。

胸が痛む
心に、苦しみや悲しみを感じる。

背・腹・胸

痛くもない腹を探られる
何もやましいところはないのに、他人から疑われる。

背に腹は代えられぬ
大事なことのためには、ほかの小さなことには構っていられない。

腹が据わる
落ち着いていて、ものごとに動じない。

腰が低い
態度がひかえめである。

腰を据える
落ち着いてものごとに取り組む。

尻に火が付く
のんびりしていられない。

尻の長い
人の家に行って話しこみ、なかなか帰らない。

尻を叩く
早くするようにせかす。

足元にも及ばない
相手が優れていて、比べものにならない。

足を洗う
よくないことをやめて、まじめになる。

足をのばす
予定していた所より、さらに遠くまで行く。

足を引っ張る
他人の成功や出世をさまたげる。

浮き足立つ
不安を感じて落ち着かない。

足・腰・尻

足が地に着かない
そわそわして落ち着かない。

足が付く
犯人などの足取りがわかる。

足が出る
予算以上のお金を使う。赤字になる。

足に任せる
あてもなく、気が向くままに歩き回る。

内臓・骨

肝が据わる
落ち着いていてびくともしない。

肝が太い
度胸がある。

肝に銘じる
いつまでも忘れないようにする。

肝を潰す
非常にびっくりする。

肝を冷やす
非常にびっくりして、ぞっとする。

腸が煮えくり返る
激しいいかりに、とてもたえられない。

腑に落ちない
納得できない。

骨が折れる
手間や時間がかかって苦労する。

骨身にこたえる
体のおくまで強く感じる。

骨身を削る
やせるほど、苦労や努力をする。

骨を埋める
一生をそこで過ごす。

骨を折る
苦労する。また、いやがらないで人の世話をする。

気・心

気が多い
移り気である。

気が置けない
気軽に付き合える。

気が利く
細かいところまで注意が行き届く。

気が気でない
心配で落ち着かない。

気が引ける
後ろめたくて、遠りょしたい気持ちになる。

気が短い
①短気である。②せっかちである。

気が揉める
どんな結果になるか心配で、やきもきする。

帰心矢の如し
故郷や家へ早く帰りたいと強く思うようす。

気に障る
不ゆ快に思う。

気を吐く
威勢のよいことを言う。やる気のあるところを見せる。

気を回す
必要のないことまで考える。

気を持たせる
もっともらしいことを言って、相手に希望を持たせる。

気を揉む
あれこれと心配する。

心を奪われる
すっかり夢中になる。

心を鬼にする
相手のためを思って、わざと厳しくする。

心を砕く
あれこれと心配して苦労する。

3章

生活に関することわざ・慣用句

▲89ページ「くぎを刺す」より

相づちを打つ

意味

相手の話にうなずいたり、調子を合わせたりする。

使い方

「なるほど」「そうなんだ」などとうなずきながら、相手の話を聞いてあげることを**相づちを打つ**というんだよ。

なるほど！　そうなんだ！

相づちを打つのがうまくてえら〜い！

味を占める

意味

一度うまくいったことが忘れられず、次にも同じことが起きることを期待する。

使い方

早起きしたの？　すご～い！

ほめられることに**味を占めて**がんばるのは、いいことなんだよ。

たくさんほめるから
たくさんがんばってね～！

甘い汁を吸う

意味

自分では何の苦労もしないで、利益だけを得る。

使い方

甘い汁って、もしかしてイチゴミルクのことかな～。

「利益」のことだよ。「努力もしないで**甘い汁を吸おう**としてもうまくいかないよ」などと使うんだよ。

江戸のかたきを長崎で討つ

意味

意外な場所やまったく別のことで、かつて受けたうらみの仕返しをする。

使い方

貴様が無視を続けるのは、**江戸のかたきを長崎で討って**いるつもりなのか？

コウペンちゃん、単にねているだけのようだね。

絵に描いたもち

意味

立派そうに見えても、実際には役に立たないこと。また、計画するだけで実現する見こみのないこと。

使い方

一年の計画を立てたの？　すご～い！

絵に描いたもちにならないように、今日もがんばります！

いっしょに決めよー！

縁の下の力持ち

意味

目立たないところで人のためにつくすこと。また、その人。

使い方

大きなことを成しとげた人には、必ずといっていいほど、**縁の下の力持ち**がいるものなんだよ。

みんな、えら～い！

大風呂敷を広げる

意味

実現できそうもないことを言ったり、計画したりする。実際より、大げさに話す。

使い方

ククク……我は、地球どころか、宇宙を手中に収めるぞ！

そんなに**大風呂敷を広げて**、大丈夫ですか？

まずはこの風呂敷を
支配してくれるわ！

お茶を濁す

意味

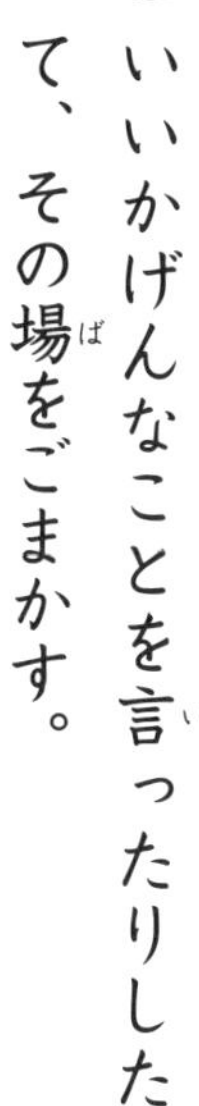

いいかげんなことを言ったりしたりして、その場をごまかす。

使い方

よお！　飛べるようになったか？

いえ、まだなんです……。

お茶を濁してごまかすより、よほど正直でいいぜ！

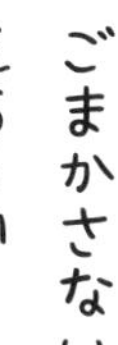

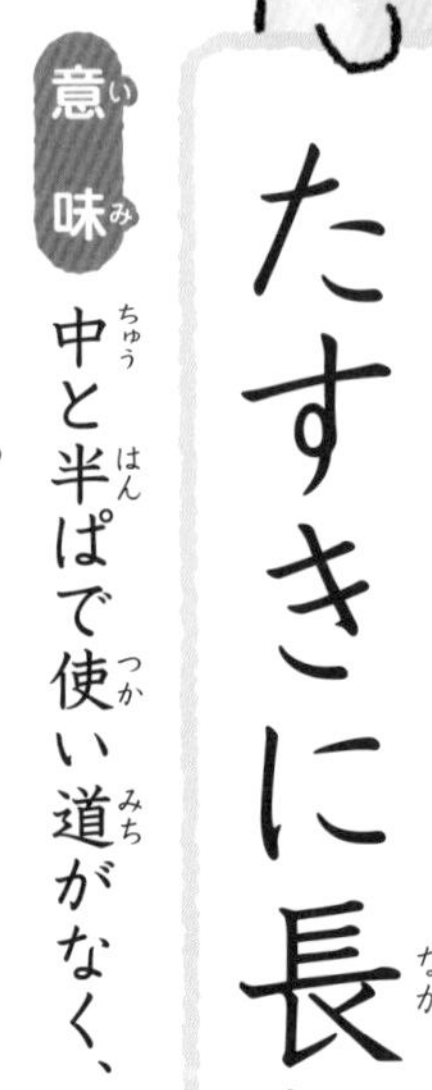

帯に短したすきに長し

意味

中と半ぱで使い道がなく、役に立たないこと。

使い方

このマフラーは、コウペンちゃんには短すぎて、邪エナガさんには長すぎるようです。

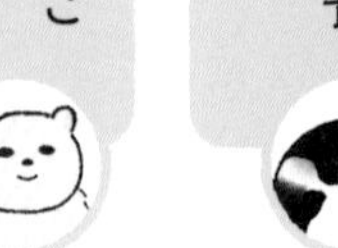

帯に短したすきに長しとは、このことだね。

清水の舞台から飛び降りる

意味

かたく心に決めて、思い切ってやってみる。「清水」は京都にある清水寺のこと。

使い方

今日こそは、うで立て百回、がんばります！

清水の舞台から飛び降りるっていうが、ときには必死の覚ごでやってみることも必要だぜ！

ククク…
清水寺の舞台よりも高いところから飛び降りてくれるわ！

きら星の如く

意味

夜空の星のように、有名な人や立派な人がたくさん集まっていること。

使い方

ほめにきた〜！

コウペンちゃんが、**きら星の如く**勢ぞろいしていますね！

きら星ってこんなかんじかなー！

そういう意味ではないと思うぞ…

くぎを刺す

意味

後でまちがいが起こらないように、強く言い聞かせておく。

使い方

浦島太郎はどうしておじいさんになったの？

乙姫様が開けてはいけないと**くぎを刺した**のに、玉手箱のふたを開けてしまったからなんだよ。

くぎ、いっぱい刺したなあ

臭いものにふたをする

意味

失敗や不正な行いを、その場しのぎの方法でかくす。

使い方

臭いものにふたをするわけではありませんが……。今日の失敗はかくしたいです。

大丈夫。明日はきっとうまく行くよ。

転ばぬ先のつえ

意味

失敗しないように、前もってしっかり準備をしておくのが大切だということ。

使い方

今日は雨が降りそうだから、**転ばぬ先のつえ**で、かさを持って行くといいんだよ。

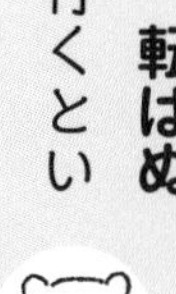

ありがと〜！

さんしょうは小粒でもぴりりと辛い

意味

体が小さくても気が強く、能力や体力などもすぐれていて、あなどれない。

ポイント

さんしょうの実は小粒なのに、ぴりっと舌に残る辛さがあるんだよ。

使い方

邪悪アタックが武器の白玉団子（邪エナガさん）は、小柄なのにすごいよな。まさに**さんしょうは小粒でもぴりりと辛い**ってやつだ。

だれが小粒だ！

袖振り合うも多生の縁

意味
どんなささやかな出会いもぐう然ではなく、縁があってのことなので、大切にしなさいということ。

ポイント
「多生」とは、何度もこの世で生まれ変わることをいうよ。

使い方
袖振り合うも多生の縁というだろ？みんなで仲良くやろうぜ！

は～い！

きみもいっしょにおいで～！

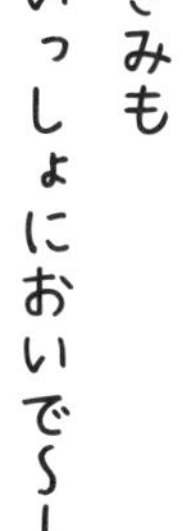

棚に上げる

意味　都合の悪いことにはふれないでおく。

使い方　いやなことは、つい**棚に上げて**しまいます。

みんな、そうなんだよ。

出るくいは打たれる

意味

目立って優れている人は、ねたまれたり、にくまれたりする。また、出しゃばりすぎると非難される。

使い方

いろんなことができるアデリーさん。**出るくいは打たれる**といいますが、大丈夫ですか？

オレは出すぎたくいだから、打つ人は逆にいねーんだよ！

灯台下暗し

意味

自分のことや身近なことは、かえってわかりにくいということ。

ポイント

「灯台」とは、昔の照明器具のことだよ。海の灯台ではないよ。

使い方

邪エナガちゃん、どこにいるの〜？

我の邪悪なるアジトを知らぬとは、まさに**灯台下暗し**だな！（コウペンちゃんの頭の上だよ！）

ない袖は振れない

意味

何とかしてあげたいと思っても、実際にないものは、どうしようもない。

使い方

今日はバレンタイン。**ない袖は振れない。**どうしよう？

気持ちだけ、もらっておくよ〜！

怠け者の節句働き

意味

ふだん怠けている者に限って、人が休んでいるときにわざといそがしく働くこと。

ポイント

「節句」は、昔、季節の変わり目を祝う日で、休日とされたんだよ。

使い方

お手伝いしたの？　えら〜い！

怠け者の節句働きと言われないように、とうもろこしの収かく、ちゃんと手伝えよ！

人のふんどしで相撲を取る

意味

他人のものや力を利用して、自分の役に立てようとする。

使い方

人のふんどしで相撲を取るような料理は作らない。オリジナル・レシピがあるからな。

すご〜い！

武士は食わねど高ようじ

意味

弱いところを見せず、気位を高く持つということ。

ポイント

「高ようじ」は、食後にゆうゆうとつまようじを使うことだよ。

使い方

この筋トレはきつい！　しかし、**武士は食わねど高ようじ**で、弱音などはくものか！

筋トレして、すご〜い！

棒(ぼう)に振(ふ)る

意味(いみ)

それまでしてきた努力(どりょく)や苦労(くろう)をむだにしてしまう。

使い方(つかいかた)

なかなか飛(と)べるようになりません。もう飛(と)ぶのをあきらめたほうがよいのでしょうか……。

これまでの努力(どりょく)を**棒(ぼう)に振(ふ)る**のか！

昔とったきね柄

意味　過去に身につけて、年を取ってからもおとろえない技術やうで前。

ポイント　「きね」はもちなどをつく木製の道具で、「柄」は持ち手の部分をいうよ。

使い方　アデリーさんは本当に料理が好きなんだね。

若いころ、料理を探す旅に出た。いわば、**昔とったきね柄**っていうやつだな。

「きね」といったらやっぱりもちだな！

よいしょ～！

もちもち屋

意味

何事にも専門家がいるので、その人に任せたほうがよいということ。

使い方

宇宙には、星はいくつあるの？

もちはもち屋。シロクマさんに聞いてみな。

笑う門には福来たる

意味

いつも笑いが絶えない家には、自然と幸福が訪れる。

ポイント

「門」は家のことだよ。

使い方

笑う門には福来たるというから、いつも笑っていようぜ！

は～い！

豆腐にかすがい
効きめも手ごたえもないようす。

煮ても焼いても食えない
相手が悪がしこくて、こちらの思うようにならない。

ひさしを貸して母屋を取られる
一部分を貸しただけなのに、結局全部を取られてしまう。

坊主憎けりゃけさまで憎い
その人が憎いと、その人に関係するものすべてが憎くなる。

みそを付ける
失敗してはずかしく思う。

綿のように疲れる
ひどく疲れる。

生活に関することわざ・慣用句

縁は異なもの味なもの
男女の結びつきは予測がつかず、不思議なものであるということ。

げたを預ける
ものごとの処理などを、相手にすべて任せる。

畳の上の水練
理論だけでは、実際の役に立たないこと。

たもとを分かつ
それまでいっしょにいた人と別れる。関係を断つ。

爪のあかを煎じて飲む
優れた人に少しでもあやかりたいと思う。

衣食住

朝飯前
簡単にできること。

味も素っ気もない
つまらない。

糸を引く
見えない所で、人を思いどおりに動かす。

うだつが上がらない
なかなか出世できない。経済的に豊かになれない。

えりを正す
気持ちを引きしめる。態度を改める。

筆を入れる
文章や文字を手直しする。

筆をおく
文章を書き終える。書くのをやめる。

筆を断つ
詩や文章を書く仕事をやめる。

棒ほど願って針ほどかなう
なかなか思いどおりにはいかない。

幕を開ける
ものごとを始める。ものごとが始まる。

身もふたもない
はっきりしすぎていて、おもむきがまったくない。

眼鏡に適う
目上の人に評価され、気に入られる。

メスを入れる
思い切った方法で解決を図る。

輪をかける
ものごとを大げさにする。

子はかすがい
子どもは夫婦の仲をつなぐかすがいのような存在。

寸鉄人を刺す
短いがするどいことばで、相手の欠点をつく。

太鼓判をおす
絶対にまちがいないと保証する。

月夜に釜を抜かれる
ひどく油断している。

月夜に提灯
必要のないもの。

てこでも動かない
どのようにしてもその場から動かない。決心を変えない。

毒を食らわば皿まで
一度悪事に手を出した以上、とことんまで悪事を重ねる。

ふたを開ける
ものごとを始める。何かが始まって、結果を見る。

筆が立つ
文章を書くのが上手である。

道具

空きだるは音が高い
中身のない人ほどよくしゃべる。

お先棒を担ぐ
軽々しく人の手先となって動く。

お鉢が回る
順番が自分に回ってくる。

かさに着る
自分や他人の力や地位を利用して、いばる。

かじを取る
ものごとがうまく進むように導く。

鎌を掛ける
知りたいことを言わせるために、うまくさそいをかける。

机上の空論
頭の中で考えただけで、実際には役に立たない理論や考え。

脚光を浴びる
世間から注目を集める。

コップの中の嵐
せまい範囲で起きた、大局にはえいきょうしないさわぎ。

自然に関する ことわざ・慣用句

▲115ページ「枯れ木も山のにぎわい」より

明日は明日の風が吹く

意味 先のことをあれこれ考えても仕方がない。

使い方 いろんなことで失敗しても気にすんな！ **明日は明日の風が吹く**だぜ！

きみがいつもがんばってるの、見てるよ～！

後は野となれ山となれ

意味

今さえよければ、後はどうなっても構わないという無責任な態度を表すことば。

使い方

もう料理の後片づけしたの？　えら～い！

料理は後片づけも大切。**後は野となれ山となれ**ではだめだぜ。

嵐の前の静けさ

意味

何か大変なことが起こりそうな不気味な雰囲気や静けさのこと。

使い方

悪いことでも何か起きそうな、まさに**嵐の前の静けさ**を感じます。

我が邪悪なるまほうを用いて、その襲来を止めてやろう！

暗礁に乗り上げる

意味

思わぬ困難にぶつかって、ものごとがうまく進まなくなる。

ポイント

「暗礁」とは、水面下にかくれていて見えない岩のことだよ。

使い方

本を最後まで全部読んだの？　すご～い！

難しいページがあり、一時、**暗礁に乗り上げ**ましたが、なんとか読み終わりました。

海のものとも山のものともつかない

意味

一体どのようなものか、将来どのようになるか、まるで見当がつかない。

使い方

将来のこと、ちゃんと考えてるの？ すご〜い！

どうなるのか、**海のものとも山のものともつかない**感じですが。

将来…
きっと大きくなるなぁ

風上に置けない

意味　考えや行動がよくない人をののしって言うことば。

使い方

試合に負けたの？　そういうこともあるよね～。

気にすんな！　反則を使ってでも勝とうとする、スポーツマンの**風上に置けない**ようなヤツにはなるな。

最後までがんばったら満点だよ！
邪～ンプ！
870
ERAI
TSUYOI

風の便り

意味

まるで風が運んでくるように、どこからともなく、だれからともなく伝わってくるうわさ。

ポイント

「便り」は手紙や知らせのことだよ。

使い方

風の便りで、我が統べる故郷のみんなは元気にしていると聞いた。（世界征服できるまで帰れないので、よかった～！）

そうなの？　すご～い！

みんな元気で
よかった！

枯れ木も山のにぎわい

意味

必要でないもの、つまらないものでも、ないよりはましだということ。

ポイント

自分をへりくだって言うことばなので、他人に対して使ってはいけないよ。

使い方

お絵かきしてるの？　すご～い！

枯れ木も山のにぎわいというから、はなまるもかいておくか！

すてきな絵だなあ！
いっちょ出来上がり！

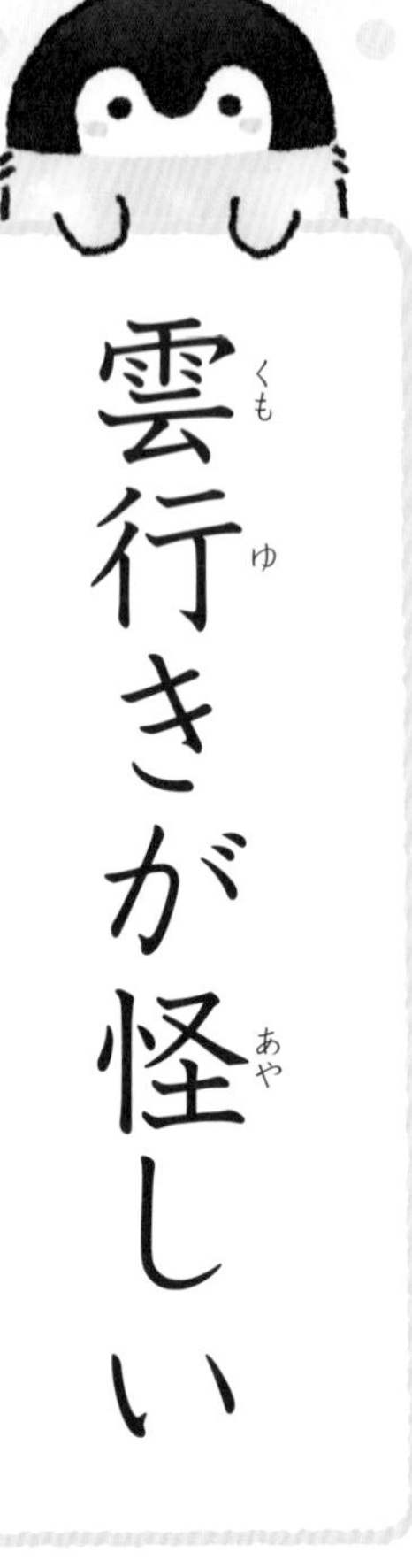

雲行きが怪しい

意味

①天気が悪くなりそうである。②ものごとの成り行きが悪いほうへ向かいそうである。

使い方（②の意味）

ここにきて、新しいレシピの開発の**雲行きが怪しく**なってきた！

ちょっと休けいする？

雲行きが怪しいときは、休けいしよう！
回復まほうでいいほうへ進むよ〜！

雲をつかむよう

意味

ぼんやりしていてとらえどころがなく、はっきりしないこと。

使い方

私が飛べるなんて、まるで**雲をつかむよう**な話だと言われても、あきらめません！

あきらめなくて、えら～い！

地震雷火事親父

意味　この世のおそろしいものを順番に並べて言ったことば。

使い方

地震雷火事親父といわれる存在になってやる！

邪エナガちゃんは「おそろしい」じゃなくて「かわいい」だよ。

見よ！
この邪悪なオーラを！
ククク…おそろしいだろう…

…え？　おそろしくない？
ぐぬぬ…

船頭多くして船山に上る

意味

指図する人が多すぎて、目標とは異なる、とんでもない所へ進んでしまう。

使い方

船頭多くして船山に上ることがないように、白玉団子に種まきのリーダーになってもらおう。

ぐぬぬ……。だれが白玉団子？ ん？ 我がリーダー？（うれしい！）

ちりも積もれば山となる

意味

小さなものやわずかなものでも、たくさん積み重ねれば、大きなものになる。

使い方

毎日十分ずつドリルを解いたの？ すご～い！

ちりも積もれば山となるで、ついに一冊、ドリルをやり切ることができたんだね。

月（つき）とすっぽん

意味（いみ）

二（ふた）つのものが、比（くら）べものにならないほどちがっていること。

使い方（つかいかた）

おい！　白玉団子（しらたまだんご）！

よく見（み）ろ！　我（われ）と白玉（しらたま）は**月（つき）とすっぽん**だ！

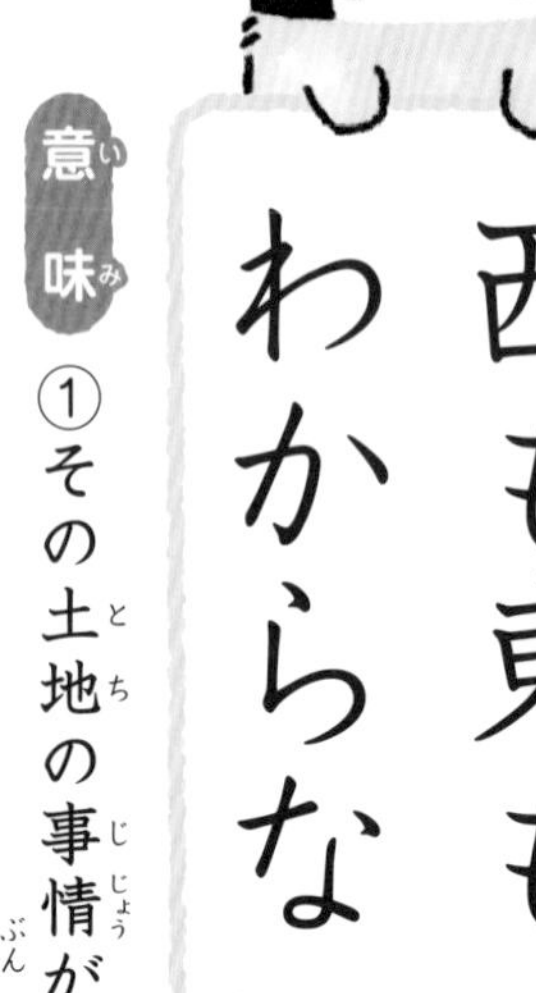

西も東もわからない

意味

①その土地の事情がまったくわからない。②わからない分野について、判断がつかない。

使い方（②の意味）

料理について、**西も東もわからなかった**オレは、初めて食った焼き魚に感動して、料理を探す旅に出たんだ！

そうなの？　すご〜い！

こんな料理があるのか！

風雲急を告げる

意味

大きなできごとや事件が今にも起こりそうである。

ポイント

「急を告げる」は、危険が差しせまっているのを知らせるという意味だよ。

使い方

宇宙には宇宙人がいて、地球に興味を持っていると思うんだよ。

そりゃ、危険だ！　**風雲急を告げる**前に地球を守ろうぜ！

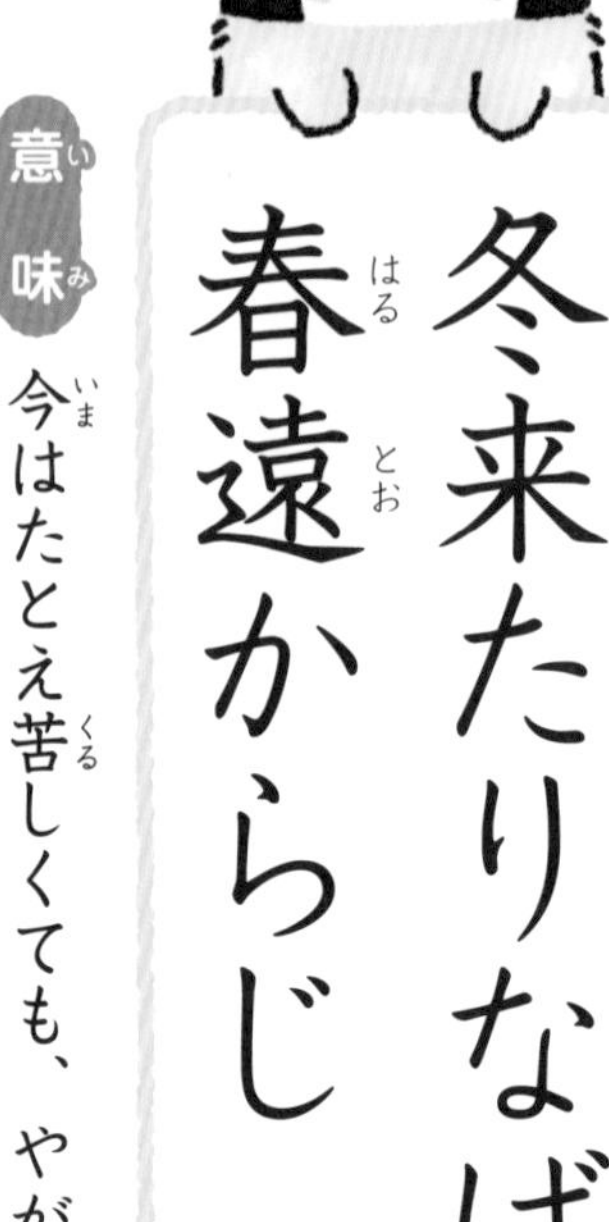

冬来たりなば春遠からじ

意味

今はたとえ苦しくても、やがて幸せなときはやって来る。

使い方

最近、調子が今一つです……。

冬来たりなば春遠からじというじゃね～か！　きっともうすぐ、いいことがあるぜ！

やぶから棒

意味

突然、ものごとをしたり、言ったりすること。

使い方

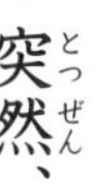

手相を見てあげるよ～！

な、何だ、**やぶから棒**に！　でも、まあ、見てくれ！

山が見える

意味

困難を乗りこえて、先の見通しが立つ。

ポイント

「山」は、いちばん大事なところという意味で使われているよ。

使い方

もうすぐクリスマスだよ～！

もみの木のかざりも完成までもう少し、ようやく**山が見えて**きました。

山高きが故に貴からず

意味
いくら見かけがよくても、中身がよくなければ何にもならない。

使い方
ケーキ作ったの？　えら～い！

今年のは見かけは今一つだが、**山高きが故に貴からず**で、味はなかなかのものだぜ。

メリークリスマ～ス！

山を掛ける

意味

万一の幸運を期待して、当てずっぽうで何かする。

使い方

テスト勉強したの？　えら〜い！

山を掛けることなく、テストの範囲をきちんとおさらいすることが大事なんだよ。

テスト勉強して
えらい！

雲を衝く
とても背が高い。

煙に巻く
相手がわからないことを言ったりして、とまどわせる。

天災は忘れたころにやって来る
油断せず、ふだんから災害に備えておくことが大切だ。

水と油
性質がちがうために、気が合わないこと。

水に流す
過去にあったことをなかったことにする。

水を打ったよう
多くの人が物音一つ立てないで、静まりかえっているようす。

水を差す
うまくいっていたことのじゃまをする。

もの言えば唇寒し秋の風
余計なことを言うと災いが降りかかるということ。

我がものと思えば軽しかさの雪
少々の苦労も、自分のためになると思えば気にならない。

自然に関することわざ・慣用句

上の空
ほかのことに気を取られて、集中できないようす。

男心と秋の空
秋の天候も男心も、どちらも変わりやすいこと。

風が吹けばおけ屋がもうかる
ものごとが回りに回って、思いがけないえいきょうをおよぼす。

風の吹き回し
その場の成り行きで、行動や考え方が変わること。

風を切る
勢いよく進む。

門松は冥土の旅の一里塚
新年をむかえて門松を立てるごとに、年も取り、死に近づいていくということ。

雲をかすみと
一目散ににげて、姿をかくしてしまうようよう す。

気象・季節

秋風が立つ
男女の愛情が冷める。

秋の日は釣瓶落とし
秋は日が暮れるのが早い。

秋の夕焼け鎌を研げ
夕焼けの翌日は晴れるので、鎌を研いでいねかりに備えよ。

朝雨に傘要らず
朝の雨はすぐにあがるから、傘の用意は不要だ。

暑さ寒さも彼岸まで
夏の暑さも冬の寒さも、彼岸ごろにそれぞれ和らぐ。

雨が降ろうがやりが降ろうが
どんな苦労や困難があってもやりとげようとする気持ちを表すことば。

雨降って地固まる
もめごとがあった後はかえって前よりよい状態になる。

住めば都

慣れれば、どんな所でも楽しく暮らせるということ。

その手は桑名の焼きはまぐり

「その手は食わない」というしゃれ。

峠を越す

ものごとの盛んなときが過ぎる。

途方に暮れる

どうしてよいかわからず、困り果てる。

取り付く島もない

たよりにしても、相手にしてくれない。

日光を見ずして結構と言うな

日光東照宮のすばらしさをたたえたことば。

洋の東西を問わず

世界じゅうどこでも。

恐れ入り谷の鬼子母神

「恐れ入りました」というしゃれ。

火事とけんかは江戸の花

火事とけんかは、江戸の特色を表す二大名物だということ。

京の着倒れ大阪の食い倒れ

京都の人は着道楽、大阪の人は食道楽の気風がある。

京の夢大阪の夢

夢物語をする前に言うおまじないのようなことば。

座して食らえば山も空し

遊び暮らしていれば、山のような財産も使い果たしてしまうということ。

場所・方角

浅い川も深く渡れ

簡単そうに見えても油断してはいけないということ。

朝日が西から出る

絶対に起こらないことのたとえ。

東男に京女

男は関東、女は京都という取り合わせが似合いだ。

犬が西向きゃ尾は東

あたりまえであることのたとえ。

江戸っ子は五月のこいの吹き流し

①江戸っ子は口は悪いが悪気はない。②江戸っ子は口先だけで意気地がない。

5章

その他のことわざ・慣用句

▲142ページ「白紙に戻す」より

赤の他人

意味　まったくえんも関係もない人。

ポイント　「赤」は、「まったく」の意味で使われているよ。

使い方　**赤の他人**じゃあるまいし、仲間を応えんするのは、あたりまえだろ！

ぼくも応えんするよ～！

青でもなく
緑でもなく
「赤」の他人だよ！

つまり
「紅」の他人か…
（かっこいい！）

石の上にも三年

意味 どんなにつらくても、我まんして努力すれば、いつか必ず報われるということ。

使い方

あれからずっとがんばっているの？えら〜い！

石の上にも三年。自分を信じてがんばるといいんだよ。

冷たい石の上に
三年も座り続ければ
石も温まるというのが
このことわざの
由来なんだよ

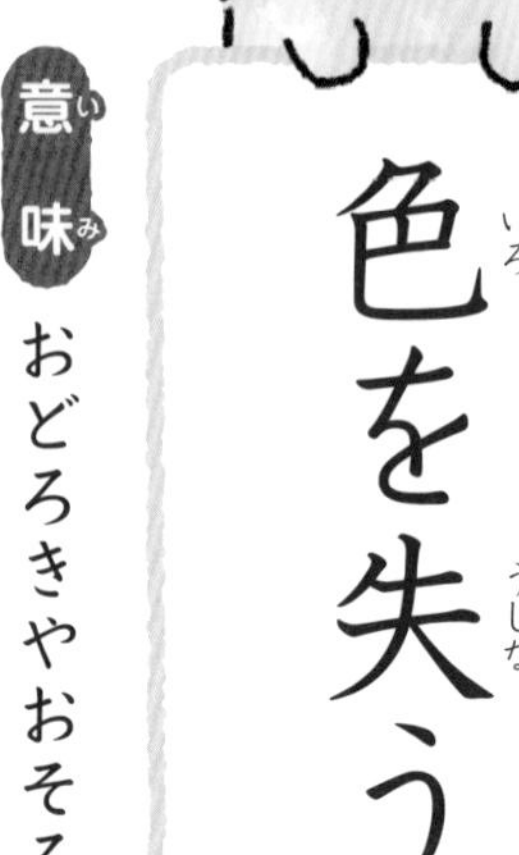

色を失う

意味

おどろきやおそろしさで、顔色が青ざめる。

ポイント

「色」は、顔の色という意味で使われているよ。

使い方

初めておばけを見て、**色を失って**しまいました！

おばけにあったの？ すご～い！

夢の中ですが……。

内弁慶の外地蔵

意味 家の中ではいばっているが、外ではおとなしいこと。単に「内弁慶」ともいう。

ポイント 「弁慶」は強い人、「地蔵」はおとなしい人を表すよ。

使い方

みんなの前で自分の意見が言えたの？ すご～い！

内弁慶の外地蔵じゃないということですね。

くちばしが黄色い

意味

まだ若くて経験が少なく、未熟である。

使い方

もう一冊読めたの？　すご～い！

私も**くちばしが黄色い**ころは、本を最後まで読むのも時間がかかったものです。

弘法にも筆の誤り

意味 どんな名人でも、たまには失敗することもあるということ。

ポイント 弘法は、弘法大師・空海のことだよ。書道の名人だよ。

使い方 しまった！ 砂糖と塩をまちがえて使った！

アデリーさんがそんなミスをするなんて、まさに、**弘法にも筆の誤り**ですね。

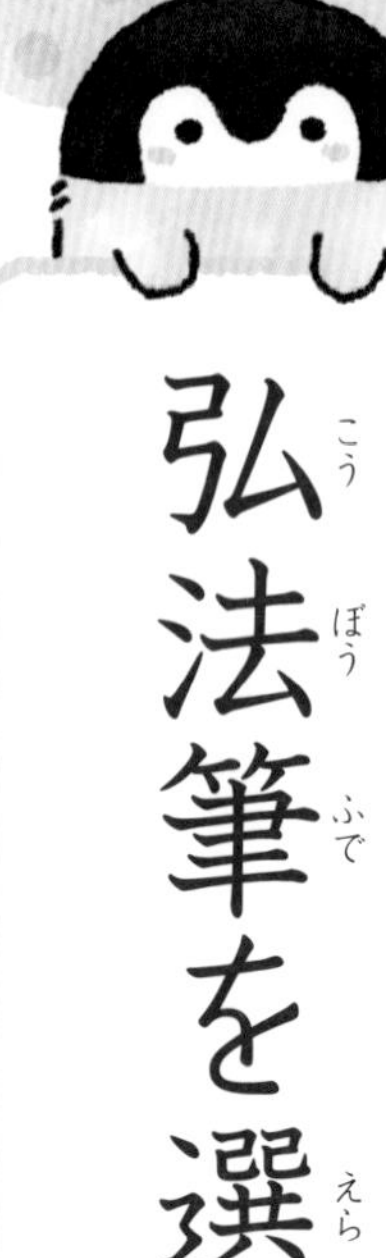

弘法筆を選ばず

意味

優れた人はどんな道具を使っても、立派な仕事をするということ。

使い方

フライパン一個で、どんな料理でも作れるぜ！

弘法筆を選ばずで、道具は関係なく、うで前がいいからなんだよ。

三人寄れば文殊の知恵

意味　一人では難しくても、三人集まって考えれば、優れた考えが出てくるということ。

ポイント　「文殊」は、知恵を授けてくれる文殊ぼさつのことだよ。

使い方

あなたの応えん隊だよ～！

三人寄れば文殊の知恵だな。とても心強いぜ！

あなたの応えん隊！

ぼくたち「文殊の知恵」だよ～！

白羽の矢が立つ

意味

多くの人の中から特に選び出される。

使い方

バドミントンの代表に選ばれたの？ すご～い！

白羽の矢が立ったということだね。とってもほこらしいことだね。

食らうがよい！この邪悪なる白い羽を～！（ほっ！）
ほっ！

七転び八起き

意味

何回失敗しても、くじけずに立ち上がってがんばること。

使い方

七回転んだけど、八回起きたの？すご～い！

人生は**七転び八起き**だ！　くじけずがんばれ！

白紙(はくし)に戻(もど)す

意味(いみ)

何(なに)もなかった元(もと)の状態(じょうたい)に戻(もど)す。

使い方(つかいかた)

うまくいかなかったの？　そういうときもあるよね～！

何(なに)かにつまずいたら、いつだって**白紙(はくし)に戻(もど)せば**いいんだよ。

早起きは三文の徳

意味

朝早く起きると、健康によいだけではなく、ほかにも何かよいことがあるということ。

ポイント

「三文」はごくわずかなお金のことだよ。「徳」は利益の意味だよ。

使い方

もう起きたのか？　ちょうどすいかを切ったぞ。食べるか？

わ～い！

まさに**早起きは三文の徳**ということだね。

寝起きには水分だ

人のうわさも七十五日

意味

世間のうわさはそれほど長く続くものではなく、しばらくすれば忘れられるということ。

使い方

たとえうわさされることがあっても、**人のうわさも七十五日**で、長続きするものではないから、気にしなくてもいいんだよ。

そうなの？　よかった〜！

ククク…
我が世界征服を
成しとげたあかつきには、
そのうわさは永遠に
続くであろう！

よいうわさは
永遠に続く
おまじない〜！

弁慶の泣き所

意味

向こうずね（ひざから足首までの前側の部分）のこと。ただ一つの弱点という意味でも使われる。

使い方

オレの**弁慶の泣き所**は、つりが苦手ってとこかな。

ぼくがお魚をつってあげるから、大丈夫〜！

我に泣き所など
ない!!

三つ子の魂百まで

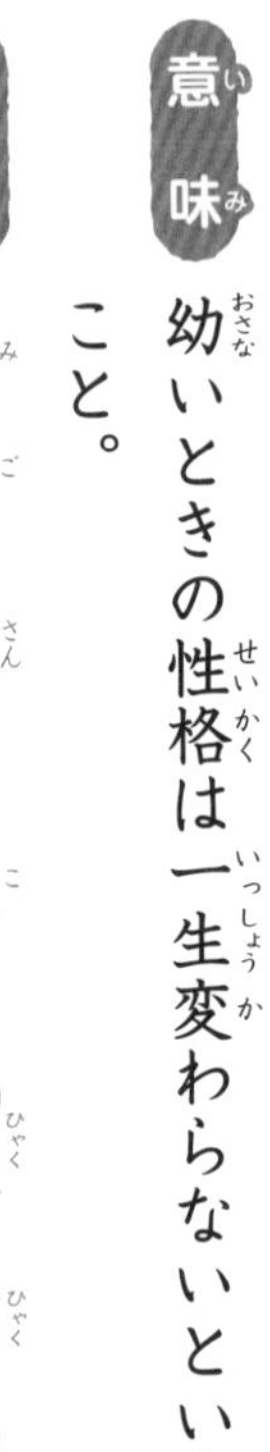

意味

幼いときの性格は一生変わらないということ。

ポイント

「三つ子」は三さいの子ども、「百」は百さいのことだよ。

使い方

三つ子の魂百までといいますから、コウペンちゃんの感激屋さんは、おとなになっても続くでしょうね。

そうなの？　すご〜い！

その他のことわざ・慣用句

数字

当たるも八卦 当たらぬも八卦
うらないの結果は気にするなということ。

一か八か
運に任せて思い切ってやってみること。

一事が万事
一つのことから、すべてのことが想像できるということ。

一難去ってまた一難
次から次へと災難がおそってくること。

一年の計は元旦にあり
何事も最初が大事である。

一富士二たか三なすび
初夢に見ると縁起がよいとされるもの。

一目置く
相手が優れていることを認め、一歩ゆずる。

一も二もなく
文句などいっさいなく。

一を聞いて十を知る
一部分を聞いただけで全体を理解する。

一巻の終わり
ものごとのすべてが終わること。

一国一城の主
ほかから助けや指図を受けず、独立した地位にある者。

一糸乱れず
少しも乱れず、整然としているようす。

犬は三日飼えば三年恩を忘れぬ
人間はなおさら恩を忘れてはいけない。

鬼も十八、番茶も出花
どんなものにも、そのみ力が表に出てくる時期がある。

九死に一生を得る
死にそうなところをかろうじて助かる。

口も八丁手も八丁
言うこともすることも手際がよく、上手であること。

三拍子そろう
必要な三つの条件がすべてそろっている。

天は二物を与えず
たくさんの才能や長所を備えている人はいない。

なくて七癖
だれにでも癖があるものだということ。

二階から目薬
思うようにいかず、もどかしいようす。

二足のわらじを履く
一人の人が二つの職業を持つ。

二進も三進も
身動きが取れないようす。

二度あることは三度ある
ものごとはくり返し起こるものである。

二の足を踏む
決心がつかない。しりごみする。

二の句が継げない
あきれて次のことばが出てこない。

仏の顔も三度

どんなにおだやかな人でも、何度もひどいことをされればおこる。

丸い卵も切りようで四角

言い方ややり方しだいで、けんかになることもある。

胸がいっぱいになる

喜びや悲しみなどで心が満たされ、何も言えない。

ローマは一日にしてならず

大きな仕事を成しとげるには、長い間の努力が必要だ。

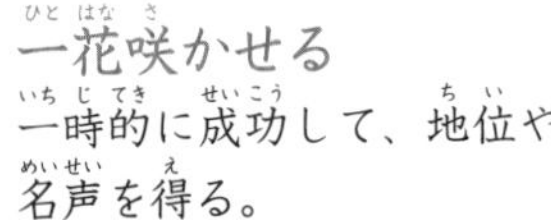

一花咲かせる

一時的に成功して、地位や名声を得る。

百も承知

十分に知っていること。

氷山の一角

表面に現れているのは一部分だけで、大部分はかくれているということ。

二の舞を演ずる

前の人と同じ失敗をくり返す。

二番煎じ

目新しさがないこと。

二枚舌を使う

うそをつく。

一筋縄ではいかない

ふつうの方法ではうまくいかない。

一旗揚げる

新しく事業を始めて、地位や財産を手に入れる。

一肌脱ぐ

他人のために、本気になって力を貸す。

人物

金時の火事見舞い

酒によって、顔が真っ赤になること。

弁慶の立ち往生

途中で行きづまって、どうすることもできない。

八百長

前もって勝ち負けを決めておいてする勝負。

朱に交われば赤くなる

付き合う相手によって、よくも悪くもなる。

白を切る

知っているのに知らないふりをする。

赤貧洗うが如し

とても貧しくて、何も持っていないようす。

白寿

九十九歳のこと。また、その祝い。

色

青筋を立てる

かんかんになっておこる。

色を付ける

値引きしたり、おまけを付けたりする。

色をなす

おこって顔色を変える。

黄色い声

子どもや女性のかん高い声。

黒白を争う

どちらが正しいかはっきりさせる。

おまけ 故事成語

昔の中国の出来事や言い伝えを題材にした、特別な意味を持つことばを「故事成語」というんだよ。

画竜点睛を欠く
全体としてはよくできているが、重要なところが欠けている。また、仕上げが不十分である。

完璧
少しの欠点もないこと。

漁夫の利
二人が争っているときに、第三者が苦労もなく利益を横取りすること。

逆鱗に触れる
目上の人をひどくおこらせてしまう。

虎穴に入らずんば虎子を得ず
危険をおかさなければ、成功を収めることはできない。

五十歩百歩
大きな差がないこと。

塞翁が馬
人生の幸不幸はだれにも予測がつかないということ。

食指が動く
食べる気が起こる。また、あることがしたくなる。

水魚の交わり
非常に親しい関係のこと。

推敲
詩や文章の字句や表現をくり返し練り直すこと。

杜撰
詩や文章などに誤りが多いこと。

蛇足
余計なもの。むだなもの。

登竜門
そこを通りぬけたら必ず出世できるというような、難しい関門。

虎の威を借るきつね
権力者の力を借りていばる者のこと。

鳴かず飛ばず
目立つような活やくをしないでいる。機会が来るのを待って、じっとしている。

背水の陣
後がなく、必死の覚ごでことに当たること。

百聞は一見に如かず
人の話を何度も聞くよりも、自分の目で見たほうがよくわかる。

覆水盆に返らず
取り返しがつかないこと。

矛盾
言うことやすることに食いちがいがあり、つじつまが合わないこと。

元の木阿弥
一度はよくなったものが、またもとの悪い状態にもどること。それまでの努力がむだになること。

さくいん

すべてのことわざ・慣用句を50音順に並べているページだよ。

な

ら

わ

おわりに

～おうちのかたへ～

コウペンちゃんと仲間たちが読者のみなさんにお届けした「ことわざ」や「慣用句」の世界、楽しんでいただけましたか。まじめで前向きなコウペンちゃんから元気をもらえましたか。アデリーさんや邪エナガさん、シロクマさん、大人のペンギンさんの、コウペンちゃんとの会話に登場した「ことわざ」や「慣用句」はわかりやすかったですか。

「ことわざ」や「慣用句」は、そのことばや意味をそのまま丸暗記するのではなく、日頃の生活の中で、積極的に使っていくことで身についていきます。ですから、コウペンちゃんと仲間たちの「ことわざ」「慣用句」の使い方は、とても参考になったのではないでしょうか。

使い方を間違えることをおそれずに、まずは使いやすいところから実際に使ってみましょう。会話や作文で使ってみましょう。

ちなみに、私の娘が幼稚園のとき、最初に使った「ことわざ」は、「泣きっ面に蜂」でした。この「ことわざ」を使うということは、あまり楽しくない場面であったことが推察されるのですが、幼稚園の先生がそのことばを聞いたとき、とても驚いたそうです。

「ことわざ」「慣用句」は日常で使ってこそ、生かされる日本語です。ぜひ。

令和元年12月吉日

京都下鴨にて

中部大学　教授　深谷圭助

〔イラスト〕るるてあ
イラストレーター。「朝おきれたの？　すごーい！」などなど、なんでも肯定してくれるコウテイペンギンの赤ちゃん「コウペンちゃん」をTwitterで発表して爆発的な人気を得る。フォロワー数は32万人を超える。
Twitter：@k_r_r_l_l_

〔監修〕深谷　圭助（ふかや・けいすけ）
1965年生まれ。立命館小学校校長を経て、中部大学現代教育学部教授。特定非営利活動法人こども・ことば研究所理事長。生活のあらゆる場面で辞書を引く「辞書引き学習」を開発し、自ら学ぶことの大切さを提唱している。

ブックデザイン／長谷川 有香（ムシカゴグラフィクス）
校正／マイプラン
DTP／山本 深雪、山本 秀一（G-clef）
編集協力／大門 久美子（アディインターナショナル）、福田 美代子

コウペンちゃんといっしょに学ぶ　小学生のことわざ・慣用句

2020年１月27日　初版発行
2022年11月５日　６版発行

イラスト／るるてあ
監修／深谷 圭助
発行者／山下 直久
発行／株式会社KADOKAWA
〒102-8177　東京都千代田区富士見2-13-3
電話 0570-002-301（ナビダイヤル）
印刷所／図書印刷株式会社

●お問い合わせ
https://www.kadokawa.co.jp/（「お問い合わせ」へお進みください）
※内容によっては、お答えできない場合があります。
※サポートは日本国内に限らせていただきます。
※Japanese text only

定価はカバーに表示してあります。

ISBN 978-4-04-604406-8　C6081